安哥拉
ANGOLA

中国驻安哥拉大使馆

（Embassy of the People's Republic of China in the Republic of Angola）

地址：Rua Presidente Houari Boumedienne No 196/200，Miramar，Luanda，Angola

领事保护热线：00244-222-449818

网址：http://ao.chineseembassy.org

安哥拉
ANGOLA ··

文化中行

国别（地区）文化手册

安哥拉

ANGOLA

中国银行股份有限公司
社会科学文献出版社　编

社会科学文献出版社
SOCIAL SCIENCES ACADEMIC PRESS (CHINA)

序

　　1912 年 2 月，经孙中山先生批准，中国银行正式成立。作为一家历经中国近现代 100 多年沧桑巨变，见证中国金融业发展曲折历程的百年老店，中国银行始终秉持"为社会谋福利，为国家求富强"的信念，持续经营、稳健发展，在不同时期为民族解放、社会进步、国家繁荣做出重要贡献。

　　道之大者，为国为民。站在新的历史机遇期，中国银行正以"担当社会责任"为己任，以"做最好的银行"为目标，认真落实五大发展理念，充分发挥自身优势，在全球范围内统筹布局，业务范围涵盖商业银行、投资银行、保险、基金、租赁等多个领域，拥有覆盖全球的人民币清算网络和支付体系，连续 5 年入选全球系统重要性银行，连续 28 年入选《财富》世界 500 强，在 2016 年英国《银行家》杂志发布的全球 1000 家大银行榜单中，按照一级资本总额排名第四位。中国银行已成为境内国际化、多元化程度最高的金融机构和国家经济建设的中坚力量。

不忘初心，方能行久致远。中国银行将继续积极谋划金融出海新格局，立志于服务实体经济，践行金融报国使命。

然而，作为一家机构网络遍布全球，在46个国家和地区拥有600多家分支机构的大型跨国银行集团，业务面广、品类繁多，客户需求跨地区、跨文化差异明显，这对我们的战略目标提出了新挑战。如何跟上国家对外投资的步伐，如何为"走出去"企业铺路搭桥，如何入乡随俗、促进文化融合，成为摆在我们面前的新课题。《文化中行——国别（地区）文化手册》（以下简称《手册》）正是在这个大背景下应运而生的，也是继《文化中行——"一带一路"国别文化手册》之后的又一力作。

《手册》从文化角度出发，全面介绍了我行已设及筹设分支机构的国家和地区的政治经济环境、金融发展业态、民俗宗教文化等，为海外机构研究发展策略、规避经营风险、解决文化冲突、融入当地社会提供实用性、前瞻性的指导和依据。同时还紧紧围绕业务需求，深耕专业领域，创新工作思路，填补了我行海外文化建设的空白。这是中国银行在大踏步国际化背景下，抓紧建设开放包容、具有强大影响力的企业文化的需要，是发挥文化"软实力"、保持集团可持续发展的需要，更是投身国家重大战略部署、担当社会责任的需要。对我行实现跨文化管理，服务"走出去"企业，指导海外业务发展，发挥文化影响力，实现集团战略都具有重要的价值。

最好的银行离不开最好的文化。有胸怀、有格局的中行人，以行大道、成大业的气魄，一手拿服务，一手拿文化，奔走在"做最好的银行"的征程上。我们期待《手册》在承载我行价值理念，共建全球化发展体系的道路上占有重要一席，这也正是我们实现文化"走出去"战略的题中应有之义。

2016 年 7 月

目录

077

089

安哥拉
ANGOLA

第一篇

国情纵览

安哥拉
ANGOLA ···

一 人文地理

1 地理概况

安哥拉全称安哥拉共和国（The Republic of Angola）位于非洲西南部（南纬 4°22′和 18°02′之间，东经 11°41′和 24°05′之间），北邻刚果（布）和刚果（金），东接赞比亚，南连纳米比亚，西濒大西洋，面积 124.67 万平方公里，海岸线长 1650 公里。全国主要由平原、丘陵和高原组成，65% 的土地海拔在 1000 ~ 1600 米，西部沿海地区地势低，东部内陆地区地势较高。最高峰莫科峰（Monte Moco）高 2620 米，第二高峰梅科峰（Monte Meco）高 2583 米。境内河流密布，水力资源丰富，主要河流有刚果河、库内内河、宽扎河、库帮戈河等。

安哥拉位于非洲西南部

2　历史沿革

安哥拉约有 700 年文明史。历史上曾分属刚果、恩东戈、马塔姆巴和隆达四个王国。1482 年，葡萄牙殖民者首次抵达安哥拉。在 1884 ~ 1885 年柏林会议上，安哥拉被划为葡萄牙殖民地。1922 年，葡萄牙占领安哥拉全境。1951 年，葡萄牙将安哥拉设为"海外省"。20 世纪 50 年代起，安哥拉先后成立安哥拉人民解放运动（以下简称"安人运"）、安哥拉民族解放阵线（以下简称"安解阵"）和争取安哥拉彻底独立全国联盟（以下简称"安盟"）三个民族解放组织，并相继进行争取民族独立的武装斗争。1975 年 1 月 15 日，上述三个组织同葡萄牙政府达成关于安哥拉独立的《阿沃尔协议》，并于 1 月 31 日组成过渡政府。不久，三个组织之间发生武装冲突，过渡政府解体。同年 11 月 11 日，安人运宣布成立安哥拉人民共和国，阿戈斯蒂纽·内图（Agostinho Neto）任总统。

安哥拉独立后长期处于内战状态。1991 年 5 月 31 日，在葡萄牙、美国和苏联的推动下，安哥拉政府与反对派安盟签署《比塞斯和平协议》。1992 年 8 月，安哥拉改国名为安哥拉共和国。同年 9 月，安哥拉举行首次多党制大选，安人运在议会选举中胜利并在总统选举中领先。安盟拒绝接受大选结果，安哥拉重陷内战。1994 年 11 月，安人运政府与安盟签署《卢萨卡和平协议》，但该协议未得到有效落实。为推动和解，安人运于 1997 年 4 月组建以其为主体、安盟成员参加的民族团结和解政府，但遭到安盟领导人萨文比的抵制，安盟分裂，安哥拉内战继续。2002 年 2 月 22 日，萨文比被政府军击毙。同年 4 月 4 日，安哥拉政府与安盟签署停火协议，结束长达 27 年的内战，进入恢复与重建时期。

3 人口综述

安哥拉人口 2430 万人（2014 年数据），主要民族有奥文本杜、姆本杜、巴刚果、隆达等。全国平均人口密度为 16 人 / 平方公里，首都罗安达人口密度最大，卡宾达人口密度最小。

4 语言文字

安哥拉的官方语言和商业用语为葡萄牙语。另外还有 41 种仍在使用的民族语言，其中班图语是主要民族语言，被 95% 以上的安哥拉人使用。

特别提示

★ 安哥拉位于非洲西南部，是南大西洋和印度洋航运的要冲。

★ 安哥拉本土以北的大西洋沿岸有一块飞地卡宾达，位于刚果（金）境内。

二　气候状况

　　安哥拉北部等大部分地区属热带草原气候，南部属亚热带气候，中东部高海拔地区则为温带气候。因靠近大海且受大西洋上本格拉寒流（Benguela current）的影响，安哥拉气候并不十分炎热。全年分旱、雨两季，年平均温度约22℃。降水量从东北向西南逐渐递减，东北高原地区年均降水量达1500毫米，沿海平原年降水量为250～1000毫米，南部纳米贝沙漠地区年均降水量仅为50毫米。

特别提示

★ 安哥拉人称旱季（北部地区5～8月，南部地区3～10月）为雾季，因为旱季的典型特征是有浓重的晨雾。

★ 雨季大量降水助长了蚊虫的繁殖，使疟疾成为安哥拉的"超级地方病"，这也是安哥拉一直地旷人稀的原因之一。

★ 安哥拉沙漠化问题相当严重，39.2%的国土都是干旱的。

三　文化国情

1　民族

　　安哥拉社会多元、部族众多。欧洲人到来以前，班图人南迁到此，原先定居的古老的桑人被挤压到沙漠等荒凉地区。安哥拉绝大多数人口使用班图语，班图语族群（以下简称班图族）

着民族服饰的安哥拉少女
图片提供：达志影像

主要分成 32 个族群，多数拥有共同的文化和习俗，其中较大的奥文本杜、姆本杜、巴刚果 3 个族群占全国总人口的 3/4。

扩展阅读：安哥拉的主要民族

（一）安哥拉北部和中西部

1. 奥文本杜人（Ovimbundu）

奥文本杜人是安哥拉最大的族群，人口有 300 多万人，占全国人口的 37%，主要分布在安哥拉中西部土地肥沃的高原地区。奥文本杜人地域的边缘地区还分布着两个其他分支，即姆布依人（Mbui）和栋布人（Dombe），他们的语言与乌姆本杜语很相似。

2. 姆本杜人（Mbundu）

姆本杜人是安哥拉的第二大族群，人口有 200 多万人，占安哥拉人口总数的 25%，主要分布在安哥拉北部的罗安达地区和宽扎河下游。

3. 巴刚果人（Bakongo）

巴刚果人是安哥拉第三大族群，人口共有 100 万人，占全国人口的 13%，主要分布在安哥拉最北部，即安哥拉西北的刚果省和卡宾达省。

（二）安哥拉东北部

安哥拉东北部地区的族群主要有隆达 - 乔奎人

（Lunda-Chokwe）、恩冈格拉人、赫雷罗人、尼亚内卡人、奥万博人等。隆达 - 乔奎人约占安哥拉人口的8%，主要居住在安哥拉东北部。

（三）安哥拉西南部

在安哥拉西南部，最主要的民族是 3 个讲班图语的族群，即奥万博人（Ovambo）、赫雷罗人（Herero）和尼亚内卡 - 万布人（Nyaneka-Humbe）。奥万博人在纳米比亚也有大量人口，占安哥拉总人口的 2%；赫雷罗人则有很多生活在纳米比亚和博茨瓦纳，占安哥拉总人口的0.5%；尼亚内卡 - 万布人完全生活在安哥拉境内，占安哥拉总人口的 3%。

（四）安哥拉南部地区

在安哥拉南部的沙漠中，还生活着 3 个非班图语族的桑人（San）小族群，即来源于科伊桑语族的桑人、库伊西人和库埃佩人。

（五）安哥拉城市地区

欧洲人和土著非洲人结合形成的有色人（Mestico），主要生活在城市，多数人讲葡萄牙语，也有许多人掌握了非洲语言，甚至只使用某种非洲语言。有色人在安哥拉总人口中的比例一直保持在 2%。

纯粹欧洲血统的人仅占安哥拉人口总数的 1%。

2　宗教

　　安哥拉是多宗教信仰的国家，传统宗教和基督教（包括天主教和基督教新教）并存。截至 2004 年，10% 的人口信仰传统宗教，75% 信仰天主教，15% 信仰基督教新教。很多安哥拉人在信仰基督教的同时还保留从原始宗教中获得的关于自然和超自然秩序的观念。

3　风俗与禁忌

　　安哥拉全国人口绝大多数属于班图族人，文化传统源远流长，风俗习惯具有典型的非洲特色。几百年的奴隶贸易、殖民统治以及 13 年的独立战争和 27 年的内战，给安哥拉人传统文化造成巨大破坏，但大多数安哥拉人还是保存了古老的风俗习惯。

（一）服装服饰

　　安哥拉人的服饰分为两类：一类受西方影响，男子西装革履，女子时装套裙，平时也穿着运动服和休闲装，这类人多是政府机关官员或在外企供职、收入丰厚的职员，属于极少数；另一类则依然保持着传统的装束，妇女的头发用牛皮捆成辫子，头戴牛皮帽，脖上挂金项链圈。未婚男子衣服比较肥大，已婚男子用牛皮包头。

（二）饮食习惯

　　安哥拉饮食方面与非洲其他国家大同小异，以玉米、木薯为主，花生消费量也较高，喜欢喝咖啡。当地盛产热带水果，不少人家常以香蕉、杧果、木瓜等为餐。安哥拉人爱吃烤玉米，他们用高粱、玉米加牛奶烙饼，用高粱、玉米加瓜、果、豆类煮粥食用。城市中的宴请一般以西餐为主。

（三）日常礼仪

安哥拉是礼仪之邦，居民非常注意礼节。熟人见面一般热情握手并亲吻对方面颊，然后手拉手寒暄，以示亲切和友善。见到外国友人，总是热情地招呼，亲切致以问候。安哥拉人民有着尊老爱幼的传统美德，晚辈对长辈要绝对恭敬，如果有人对年长者不敬，将遭到责备和鞭打。到安哥拉人家中作客，不要随便打哈欠、脱鞋袜，也不要在房子里东张西望，否则主人会不高兴。同安哥拉人初次见面，应先做自我介绍，同时向对方问好，并直截了当地告诉此行的意图。在城市和上层社会中，关系亲密的人见面握手也喜欢拥抱。

（四）居住和家族遗风

安哥拉的首都及其他城镇，现代化的房屋比比皆是，马路笔直宽阔，高层建筑林立，有各种豪华的宾馆、饭店、酒吧和赌场等娱乐场所。但广大农村地区，尤其是边缘地带，人们大多还居住在传统的非洲尖顶茅草房内，极少数人甚至穴居岩洞，过着与世隔绝的生活。

村落中实行传统的酋长负责制，村中凡有大事，皆由酋长召集长老商议决定。酋长制和家长制的遗风也依然渗透在传统习俗和日常生活中。

（五）婚姻习俗

传统上，安哥拉班图族人实行一夫多妻制，按母系或父母双系组织社会，迄今在农村还有很多一夫多妻制的现象。随着社会的进步，受过现代教育的青年男女开始通过社交场合互相结识，然后恋爱结婚。在塔巴、沙木辛达一带，男子在未婚时要戴帽子，一旦娶妻则终生免冠。

（六）丧葬仪式

在安哥拉许多地方，人死后要换上新装并化装成图腾的样子入殓，这主要与安哥拉的传统宗教信仰和图腾崇拜有关。

特别提示

★ 受基督教文化影响，安哥拉人忌讳数字"13"和星期五，举行重要活动或庆典会尽量避开这些日子。在安哥拉很难找到宾馆门牌号为"13"的房间。

★ 安哥拉的班图族人像非洲其他国家的班图族人一样将牛视为宝贝，一般只在节庆时才杀牛共享，平时不准杀牛，同时盛行以牛计财富的习俗，少数部族供养圣乳牛，严禁宰杀伤害。牛皮也被视为珍贵之物，或被妇女当作发饰、用作裙子或被已婚男子用于包头。

★ 在商务谈判中，安哥拉人非常讲究实际，对产品质量要求较高，而且要求交货时间快，不过一般订货数量有限。

★ 安哥拉人不喜欢在下班以后特别是晚饭以后谈生意，
  也不喜欢晚上会客。安哥拉政府倡导平等贸易，馈
  赠礼物不摆阔讲排场。

★ 在首都罗安达等城市，从事旅游服务业的人员越来
  越多，而且服务质量较高。在安哥拉须征得当地人
  同意才能拍照。对服务员可付小费。

安哥拉

ANGOLA

第二篇

政治环境

安哥拉
ANGOLA ···

一 国家体制

1 国体、元首及国家标识

安哥拉是非洲大陆政治传统较为悠久的国家，欧洲殖民者到来以前，安哥拉域内已先后兴起 4 个较大规模的王国。但葡萄牙人入侵并进行 400 年的殖民统治以及之后长达 27 年的内战完全断裂了安哥拉人自己的政治传统。2002 年 2 月，反政府的安盟领导人萨文比被击毙，安哥拉政府和安盟达成解散反政府军武装的和平协议，安哥拉的政治体制终于得以向多党制议会民主制度的政体过渡。

总统为安哥拉国家元首、政府首脑和武装部队总司令。2012 年 8 月 31 日，安哥拉举行修宪后的首次总统和议会选举。安人运以 71.84% 的得票率赢得选举，多斯桑托斯连任总统，于 9 月 26 日宣誓就职，并于 9 月底组建了新一届政府。

安哥拉国旗

安哥拉国徽

2 宪法概述

安哥拉第一部宪法于 1975 年 11 月 11 日颁布，后进行了 4 次修改。现行宪法于 2010 年 2 月颁布，规定安哥拉的首要目标是建立一个自由、公平、民主、和平的国家；实行多党制；共和国总统经选举产生，任期 5 年，可连任 1 次；总统为国家元首、政府首脑和武装部队总司令，有权公布或废除法律，宣布战争或和平状态，任免副总统、政府部长、军队高级将领、省长、总检察长、最高法院法官等。

二　政治制度

1　政体概述

2002 年内战结束以来，安哥拉政局总体保持稳定。2008 年 9 月，安哥拉成功举行了自 1992 年以来的首次多党议会选举，安人运获得 80% 以上议席。2010 年 2 月，安哥拉国民议会通过新宪法。2012 年 8 月 31 日，安哥拉举行修宪后的首次总统和议会选举。安人运以 71.84% 的得票率赢得选举，多斯桑托斯连任总统，于 9 月 26 日宣誓就职，并于 9 月底组建了新一届政府。

安哥拉国民议会是国家最高立法机构，主要职能有：修改宪法，批准、修改或取消法律；审批国民议会常务委员会的立法工作；监督宪法和法律的实施；监督国家和政府机关的工作；批准国民经济计划和国家预算并监督执行；批准大赦；宣布戒严和紧急状态，以及授权总统宣布战争或和平状态。每届任期 5 年，每年举行 2 次例会。

本届议会于 2012 年 9 月组成，共 220 个席位，其中安人运 175 席、安盟 32 席、广泛救助同盟 8 席、社会革新党 3 席、安解阵 2 席。现任议长为费尔南多·达皮耶达德·迪亚斯·多斯桑托斯（Fernando da Piedade Dias dos Santos）。

2　政治中心

　　首都罗安达是安哥拉最大城市，同时也是全国政治经济中心和最大港口，人口约500万人。罗安达划分为两部分——"上罗安达"和"下罗安达"，前者为老城，后者为新城。老城位于港口附近，街道狭窄，多为殖民时期建筑；新城泛指老城以外的大罗安达市。

首都罗安达的商业中心区

图片提供：达志影像

3　主要政党

安哥拉现有 77 个合法政党和 8 个政党联盟。主要政党如下。

（1）安哥拉人民解放运动（Movimento Popular de Libertação de Angola），简称安人运（MPLA），1956 年 12 月成立，安哥拉独立后一直为执政党。2009 年 12 月召开第六次全国代表大会，选举产生新的中央委员会，多斯桑托斯总统再次当选为党主席，罗伯托·德·阿尔梅达（Roberto de Almeida）和儒利昂·马特乌斯（Julião Mateus）分别当选为党的副主席和总书记。现有 500 余万名正式党员。

（2）争取安哥拉彻底独立全国联盟（União Nacional Para a Independência Total de Angola），简称安盟（UNITA）。成立于 1966 年 3 月，创始人为若纳斯·萨文比。1975 年初同安人运、安解阵和葡当局组成过渡政府。安哥拉内战爆发后，转移到农村和丛林山区，开展反对安人运政府的游击活动。2002 年 2 月 22 日，萨文比被政府军击毙。此后，安盟与政府正式签署停火协议、完成非军事化并宣布放弃武装夺权目标。2011 年 12 月，安盟召开第十一届全国代表大会，选举产生新一届领导层，党主席萨马库瓦（Isaias Samakuwa）再次连任，埃内斯托·穆拉托（Ernesto Mulato）和维托里诺·纳尼（Vitorino Nhany）分别任副主席和总书记。

其他较有影响的政党：安哥拉广泛救助同盟（CASA－CE）、社会革新党（PRS）、安哥拉人民解放阵线（安解阵，

FNLA）、新民主竞选联盟（ND）、发展人民党（PAPOD）等。

4　主要政治人物

若泽·爱德华多·多斯桑托斯（José Eduardo dos Santos）：总统兼武装部队总司令、执政党安人运主席。1942年8月28日生于罗安达市一个工人家庭。中学时代起积极参加反对殖民统治、争取民族独立的斗争。1961年加入安人运，1962年任安人运青年组织副主席、安人运驻刚果代表。1963 ~ 1970年在苏联学习石化和通信专业，获硕士学位。1975年任安人运中央对外联络部部长、卫生部部长并当选安人运中央委员、中央政治局委员。安独立后，历任外交部部长、第一副总理、计划部部长、计委主任、安人运中央文教体育书记、国家重建部书记、经济发展和计划部书记等职。1979年9月，任安哥拉总统兼武装部队总司令、安人运主席。

曼努埃尔·多明戈斯·维森特（Manuel Domingos Vicente）：副总统、安人运中央政治局委员。1956年5月15日生于罗安达市。电气工程师，机械系统专家。1983年毕业于安哥拉内图大学，获电气工程学士学位，1991年获英国石油经济学院经济学硕士学位。1983年起在安能源石油部工作。1985 ~ 1998年，先后被派往驻巴西、英国、美国等国代表处工作，从事石油贸易和其他合作。1999 ~ 2012年担任安哥拉国家石油公司董事会主席兼总裁，还担任罗安达城市管理委员会主席、爱德华多·多斯桑托斯基金会副主席、安哥拉中石油公司董事长等职。2012 年 1 月被任命为国务部部长兼经济协调部部长。2012 年 9 月就任副总统。

费尔南多·达皮耶达德·迪亚斯·多斯桑托斯（Fernando da Piedade Dias dos Santos）：国民议会议长、安人运中央政治局委员。1952 年生于罗安达。获法律学士学位。1970 年起从事反对殖民统治的斗争。1973 年被葡萄牙殖民军强征服兵役，其间曾因民族主义倾向被殖民当局拘押。1974 年脱离葡萄牙殖民军，加入安人运游击队。安独立后，历任安哥拉人民解放军总参谋部政治处干事、警察部队监察员、卡宾达全国人民运动军政委、警察部队处长、内政部副部长、国家安全部副部长、警察总局局长、内政部部长等职。2002 年 12 月就任安民族团结和解政府总理。2008 年 9 月就任国民议会议长。2010 年 2 月就任副总统。2012 年 9 月再次当选国民议会议长。

三　行政结构

1　行政区划

安哥拉全国分为 18 个省。省级地方政府由省议会及其执行机构组成。省议会主要负责实施执政党的政策主张。省长领导的省政府是省议会的执行机构，省长直接对总统、部长理事会和省议会负责。

每一级行政管理都由行政长官负责，省级和区级的行政长官由总统任命，村级和住区的长官则由选举产生。国家还在各省农业、工业、商业、卫生和教育等重要部门派驻代表。1992 年以后，各省省长均从安人运产生。根据《卢萨卡和平协议》，2002 年实现和解后，安盟获得 3 个省长和 6 个副省长职位。

2　政府机构

安哥拉本届政府于 2012 年 9 月成立，设有 2 个国务部和 33 个部级单位，分别是总统府民办、总统府安全办、外交部、国防部、内政部、经济部、财政部、国土发展规划部、国土管理部、社会保障和公共管理部、人权司法部、老战士部、农业部、渔业部、石油部、工业部、地矿部、商务部、旅游部、建设部、住房和规划部、水电部、交通部、环保部、电信部、科技部、社会传媒部、卫生部、教育部、高等教育部、文化部、社会救助与安置部、家庭与妇女部、体育部、议会事务部。

3 法律构成

安哥拉法律属于大陆法系。1998 年 10 月 7 日，安哥拉成为国际刑事法庭联盟成员国。2003 年，安哥拉开始重新修改《安哥拉犯罪法典》。新法典包括打击有组织犯罪、伪造钱币、贩运毒品、麻醉药、虐待儿童等，保护知识产权和版权，打击国际法庭《罗马法》罗列的各种犯罪。

4 主要司法机构

安哥拉司法独立。现行司法体系设有最高法院、军事法庭、上诉法院和共和国总检察院，在各省设有民事、刑事法庭。军事法庭受国防安全委员会直接领导；上诉法院专门受理上诉案件；总检察院为国家法律监督机关，受总统直接领导。最高法院院长曼努埃尔·阿拉冈（Manuel Aragão），总检察长若昂·德索萨（João Maria de Sousa）。

四 外交关系

1 外交原则

安哥拉奉行和平共处和不结盟的对外政策；主张在相互尊重主权、互不干涉内政和平等互利的基础上发展同世界各国的关系；坚持独立自主的多元化外交路线，强调外交为国内经济建设服务；呼吁建立国际政治经济新秩序，加强南南合作，积极参与地区和国际事务，努力提高自身影响力。

2 大国关系

（1）同美国关系

安哥拉内战期间，美国先后支持安解阵和安盟。冷战结束后，安盟领导人萨文比不断破坏安哥拉和平进程，1993 年美国停止了对安盟的支持并承认安人运政府。安哥拉和美国于 1993 年正式建立外交关系后，安哥拉多斯桑托斯总统曾 3 次访问美国，两国在经贸、能源等领域不断扩大合作。2009 年美国同安哥拉签署了相关贸易和投资协定，2010 年 6 月在罗安达召开了首次美安贸易和投资委员会会议。2013 年 4 月，安盟主席萨马库瓦访问美国。2014 年 5 月，美国国务卿克里访问安哥拉。2014 年 8 月，安哥拉副总统维森特赴美出席首届美非峰会。安哥拉是美国在非洲重要的贸易合作伙伴和石油供应国。

2014 年两国贸易额约 90 亿美元。美国主要向安哥拉出口机械设备、食品、钢铁制品、电子产品和飞机等；进口安哥拉的原油、钻石等。

（2）同欧盟关系

欧盟是安哥拉最大的援助伙伴。2008 ~ 2013 年，欧盟共向安哥拉提供了总计 2.5 亿欧元的援助，主要用于政府、司法、卫生、教育、人权等领域。欧盟也是安哥拉重要的经济合作伙伴，欧盟是安哥拉最大进口地区和第三大贸易伙伴。2014 年 4 月，多斯桑托斯总统对法国进行国事访问。2014 年 4 月，维森特副总统作为多斯桑托斯总统的代表出席第四届欧非峰会。2015 年 7 月，法国总统奥朗德访问安哥拉。2015 年 7 月，多斯桑托斯总统访问意大利。

（3）同葡萄牙关系

葡萄牙是安哥拉的前殖民宗主国，同安哥拉在政治、经济、社会各领域一直保持比较密切的联系。2010 年，两国建立战略伙伴关系。2013 年底，安哥拉单方面中断双方战略伙伴关系。2014 年，葡萄牙副总理和外长相继访问安哥拉，两国关系由此转圜。目前，在安哥拉的葡萄牙侨民约 20 万人。葡萄牙是安哥拉非石油领域的最大投资国。

（4）同非洲国家的关系

安哥拉重视并优先发展与非洲国家的关系，与邻国津巴布韦、纳米比亚、刚果（金）等结成共同防务联盟。重视提升其在非盟、南共体、西共体、几内亚湾委员会等地区组织中的影响力和话语权。安哥拉为促进地区和平稳定、解决冲突争端发挥积极作用。2012 年，安哥拉与刚果（金）签署了在两国海上争议区域共同开采石油的协议，并就此成立了双边委员会以解决相关问题。2013 年 3 月，安哥拉、纳米比亚和南非三国签署了世界第一个大型海洋生态系统法律框架《安哥拉、纳米比亚和南非关于本格拉洋流公约》，旨在共同保护和可持续利用这一大型海洋生态系统。2013 年 8 月，安哥拉、南非、刚果（金）三国元首在安哥拉首都罗安达召开会议，正式建立旨在促进刚果（金）和平稳定的三国合作协调机制。2014 年 1 月起，安哥拉担任大湖地区国际会议组织轮值主席国，任期 2 年。2014 年 6 月，非洲葡语国家论坛成立大会暨首届峰会在罗安达举行，安哥拉多斯桑托斯总统当选为论坛轮值主席，任期 2 年。2015 年 10 月，安哥拉主办了几内亚湾海事和能源安全国际会议。

3　主要国际参与

安哥拉现为联合国、不结盟运动、非洲联盟、南部非洲发展共同体、中部非洲国家经济共同体、葡萄牙语国家共同体、石油输出国组织、77 国集团、世界银行、国际货币基金组织、国际民航组织、世界贸易组织等国际和地区组织成员。与 100 多个国家建立了外交关系，在 48 个国家设有使馆，并在欧盟、联合国、联合国教科文组织、欧安组织设有代表处。2002 年实现和平后，安哥拉政府外交工作的主要目标是巩固和平和战后重建，外交工作重点放在经济外交上，以寻求更多的外援和投资，积极参与国际和地区事务，努力提高自身在国际和地区事务中的影响力，为地区和平与稳定做出贡献。安哥拉目前是联合国安理会非常任理事国（2015 ~ 2016 年）和大湖地区国际会议组织轮值主席国（2014 ~ 2016 年）。

安哥拉
ANGOLA

第三篇

经济状况

安哥拉
ANGOLA ···

一 能源资源

1 主要能源及分布

2007 年安哥拉加入欧佩克组织，成为非洲重要的欧佩克石油生产国。油气工业为安哥拉经济的重要组成部分，油气出口收入占安哥拉出口总收入的 95%，占其 GDP 的 85%。国际市场高涨的油价和石油产量增长推动了安哥拉经济持续增长，2007 年安哥拉 GDP 增长了 21%，2008 年 GDP 增长了 12%。

据 2000 年美国地质调查局（USGS）对全球待发现油气资源所做的评估，安哥拉待发现石油资源储量为 165.86 亿桶，天然气为 1.21 万亿立方米。

安哥拉油气勘探主要集中在深水区域，其深水区域被认为是世界上最有潜力的地区，目前发现的石油重度为 30° ~ 40° API 轻质油，含硫量为 0.12% ~ 0.14%。2004 年由道达尔公司（Total）钻探的 Canela 1 井经测试获得日产油 6800 桶，该井为安哥拉第四大深水石油发现，此外在该海域由美国雪佛龙德士古公司钻探的 KX2 测试获得日产油 5000 桶；2005 年安哥拉 31 区块超深水区获得 Astraea 1、Ceres 1、Hebe 1 和 Juno 1 共 4 个重大的油气发现，每个储量为 2.5 亿桶。2006 年安哥拉共获得 4 个新的石油发现，全部位于下刚果盆地的深海水域，分别为：2006 年 11 月，发现 Terra 1ST 1，作业者为 BP 公司；2006 年 9 月，发现 Titania 1，作业者为 BP 公司，测试获得日产油 2045 桶；2006 年 8 月，发现 Salsa 1，作业者为道达尔公司；2006 年 5 月，发现 Urano 1ST 1，作业者为道达尔公司，测试获得日产油 1970 桶。2008 年安哥拉海域又获得 3 个新发现，其中由埃尼集团在安哥拉下刚果盆地钻探的 Sangos 1 获得石油新发现，测试获得日产油 5600 桶。

安哥拉为非洲主要产油国之一，2009 年超过尼日利亚成为非洲第一大石油生产国，石油产量居世界第 15 位。安哥拉从 1956 年开始石油产量逐年增长，2009 年安哥拉石油生产能力为 200 万桶 / 日，比欧佩克规定的 190 万桶 / 日配额高出 10 万桶 / 日。

安哥拉未开发大的气田，天然气开发利用程度较低，伴生气大多都被放空，因此天然气生产未形成规模，天然气产量较低。为了有效利用和减少排放，安哥拉政府加快了液化天然气（LNG）项目的建设进程，计划在 Nemba 油田、Lomba 油田和 Kuito 油田建立 LNG 厂，目前雪佛龙德士古和 Sonangol 正在安哥拉 Soyo 建立 LNG 处理厂，收集和处理海域内的几个油田的伴生气，生产的 LNG 用于出口。

2　主要资源及分布

（1）矿产

安哥拉矿藏资源丰富，素有南部非洲"聚宝盆"之称。目前已发现的有金刚石、铁矿、磷酸盐、铜矿、钨、钒、铅、锡、

PETROBRAS 10000

海上油气开发
图片提供：达志影像

锌、铬、钛、煤、石膏、绿柱石、高岭土、石英、大理石等 30
多种，此外还有金、钨、云母、褐煤等矿产资源。

钻石　安哥拉曾为世界第四大钻石生产国，总储量约为 2
亿克拉；开赛河流域的马兰热省、南隆达省和北隆达省为主要
钻石矿区。每粒钻石的平均重量可达 0.11 克拉，其中 40% 的
质量属于宝石级、15% 为半宝石级，其余 45% 为工业级别。

铀　主要分布于栋多和比耶高原等地。

铜　主要分布于本贝等地。

石材　主要品种有黑花岗岩、红花岗岩和大理石等建筑和
装饰石材，主要产区位于威拉省、纳米贝省和库内内省。

安哥拉境内还有铁、锰、磷酸盐、黄金、白金、石英等矿
产资源。已探明的铁矿储量为 17 亿吨，主要分布在马兰热、贝
耶、万波、威拉、奎马、卡辛加、栋多等地；锰矿储量近 1 亿
吨，主要分布在上戈隆戈至蓬戈安东戈一带；磷酸盐储量约 2
亿吨，主要分布在卡宾达省和扎伊尔省。

（2）植物

安哥拉地处热带，河流密布，全年平均气温在 19℃ ~
26℃，300 万公顷的肥沃土地适宜种植任何作物。安哥拉农作
物种类繁多，质地优良，品种主要有咖啡、甘蔗、棉花、剑麻
等。主要的出口农产品是咖啡和剑麻，其中咖啡闻名遐迩。安
哥拉森林植被的植物群系是多种多样的。森林覆盖面积约占全
国总面积的 56%，即森林面积约 5300 万公顷，盛产稀有名贵
木材，如乌檀、乌木、檀香木、非洲白檀木等。安哥拉北部的
典型植被是热带草原，大草原上点缀着树木，主要沿河谷地区

生长。在北部飞地卡宾达省的小块地区，则分布着热带雨林。

（3）动物

安哥拉国内野生动物种类繁多，有许多非洲大型动物，如大象、犀牛、水牛、羚羊、狮子、猩猩、跳羚、斑马等，以及东部地区的某些河流中的鳄鱼及河马，还有各种禽类和昆虫等。安哥拉国内有卢安多自然保护区、基萨马国家公园、卡梅亚国家公园、约纳国家公园、比夸尔国家公园、穆帕国家公园、卢

安哥拉大黑羚羊
图片提供：达志影像

恩盖禁猎区、隆加马温加禁猎区等 10 处保护名贵珍稀动物的园区。1909 年，安哥拉境内首次发现大黑羚羊，引起轰动。安哥拉大黑羚羊与普通野生羚羊的不同之处在于头部和羊角两个地方。大黑羚羊头部下额呈白色，羊角就像一把向后弯曲的月牙刀，四肢匀称，丰硕健美。雄性大黑羚羊最重高达 140 公斤，羚角有的长达 1.5 米，属于稀世珍品。由于大黑羚羊本身的独有特点，1933 年被列入世界珍稀物种特别保护名单。大黑羚羊自此一直是安哥拉的象征之一，安哥拉国家足球队就被命名为"大黑羚"，安哥拉国家航空公司的标识也是大黑羚羊的头部。

安哥拉还被证明是拥有丰富的"消失了的鸟类"资源的国家。2002 年，南非鸟类学家伊恩·辛克莱在安哥拉发现了 18 个本地区特有品种的鸟类，例如，胸部呈橘黄色的伯劳鸟和白头的旅鸫，自 1957 年以来，科学家一直没有见到过这两种鸟类。

（4）水力资源

安哥拉最重要的两条河是宽扎河和库内内河，这两条河上游流经山地，水力资源都很丰富。宽扎河南流后转折向西流入大西洋；库内内河则在向西注入大西洋之前，弯曲向北流去。宽扎河是一条完全在安哥拉境内并且可以通航的河流，这在商业上和军事上都具有重要意义。另外一支可以通航的河流是刚果河，其河口和西部顶点构成安哥拉与刚果（金）的一部分北部边界。

特别提示

★ 据美国《油气杂志》2009 年终号报道，2009 年安哥拉的石油剩余探明可采储量为 95 亿桶（折合 13.02 亿吨），占世界总储量的 0.7%，居世界第 18 位；天然气剩余探明可采储量为 2718.43 亿立方米，占世界总储量的 0.2%。安哥拉的油气资源主要赋存于大西洋沿岸盆地的下刚果盆地和宽扎盆地，且主要分布在海域。

★ 安哥拉的勘探活动主要集中在下刚果盆地的深海水域，深海区块不断获得新突破，成为世界油气储量增长最快的地区，已成为世界油气勘探的热点地区之一。

★ 石油和钻石开采是安哥拉国民经济的支柱产业。安哥拉为非洲第二大产油国。2014 年石油出口 5.991 亿桶，收入约 275 亿美元。钻石储量约 1.8 亿克拉，为世界第五大产钻国，2014 年产量近 1000 万克拉。

★ 安哥拉有矿泉水泉源 37 个。

★ 安哥拉每年的可更新水资源在南部非洲和东部非洲所有国家中位居第三，约为 840 亿立方米。

二　基础设施

1　重要交通设施

（1）公路运输

安哥拉公路总里程为 7.5 万公里，1.8 万公里为柏油路面，其余为沙石土路面，干线总长 2.5 万公里。2010 年公路运送旅客 2.01 亿人次、货物 445.9 万吨。

（2）铁路运输

安哥拉铁路总里程 2800 公里，有本格拉、纳米贝和罗安达—马兰热三条主干线。政府正在修复全国铁路网，计划投入数十亿美元，修复总长约 2700 公里铁路。2014 年本格拉铁路修复工程全线完工并正式通车，预计年运送旅客 400 万人次、货物 2000 万吨。

（3）水路运输

海运船队总吨位 10 万多吨，罗安达、洛比托、纳米贝、卡宾达等港口可停靠万吨级货船。水运线路约 1300 公里。罗安达港负责处理全国约 80% 的进口货物量。洛比托港是非洲西海岸最佳良港之一。卡宾达新桥码头吃水深度 4 ~ 10 米，可停靠承载 600 ~ 800 个货柜或长度为 130 米的轮船。

（4）航空运输

安哥拉国家航空公司（TAAG）是国际民航组织成员，航空客货运输量居非洲前列，运营数条国内和国际航线，拥有波音 777、747、737 等多个机型，目前正在逐步更新机队，使用波音 777-300ER、777-200ER、737-700 替换旧飞机。此外，SONAIR 航空公司也是安哥拉主要航空公司之一。全国共有各类机场 193 座，其中大型机场 5 座。罗安达国际机场可起降大型客机，有通往中国、葡萄牙（里斯本、波尔图）、法国、英国、德国、比利时、巴西、古巴、阿联酋、美国、莫桑比克、埃塞俄比亚、津巴布韦、南非、纳米比亚、赞比亚、尼日利亚、喀麦隆、中非、圣多美和普林西比、佛得角、刚果（布）、刚果（金）等国的航班。卡宾达、本格拉等地机场已相继翻新，首都罗安达新国际机场一期工程正在建设中，预计 2016 年完工。新机场建有南北 2 条跑道，可供空客 A380 型客机起降，设计客流量可达 1500 万人次／年，货运量 60 万吨／年，将成为非洲最大的机场之一。

（5）电力设施

安哥拉目前电力需求缺口很大，包括首都在内的很多城市均不能确保日常正常用电。尽管安哥拉有 40 多条主要河流，有很大的水能潜力，但开发很少，全国最大的卡潘达电站装机容量仅 52 万千瓦，其余为 5 万千瓦以下的小水电站和火电站。安哥拉能源水利部 2013 ～ 2017 年的总预算为 147 亿美元，其中 76.2 亿美元将用于供电系统建设，59.2 亿美元将用于水电、风电、太阳能等清洁能源开发，7.13 亿美元用于供水系统建设。2016 年主要水电设施将开始全面运作，届时安哥拉的电力供应和需求将达到平衡。

2 重要通信设施

2001 年，安哥拉宣布放弃国家对电信业的垄断，私有化比例最高可达 40%。主要电信公司有国营安哥拉电信公司（ANGOLA TELECOM）、联合电信公司（UNITEL）和移动电信公司（MOVICEL）。安哥拉正在逐步升级电信系统，并引入先进的数字系统。2012 年 4 月，移动电信公司推出了新一代 LTE 服务，标志着安哥拉首个 LTE 商用网络开始运营。联合电信公司也推出了 4G LTE 服务。据统计，截至 2015 年 3 月，手机和互联网用户分别有 1400 万户和 300 万户。

三 国民经济

1 宏观经济

（1）概述

　　安哥拉属最不发达国家。有一定的工农业基础，但连年战乱使基础设施遭到严重毁坏，经济发展受到较大影响。2008年国际金融危机爆发后，受国际市场原油价格下跌影响，政府财政收入和外国投资减少，多个大型基础设施建设项目甚至被迫停工，经济增速明显放缓，2009年经济增长2.4%。政府采取多项措施积极应对，紧缩政府开支，加强外汇管制，促进经济多元化发展，同时多方寻求国际援助，获得国际货币基金组织和部分国家大额贷款，加之国际油价回升趋稳，安哥拉经济开始复苏。2010年和2011年经济分别增长3.4%和3.9%。2012年，安哥拉启动了"安哥拉制造计划"，大力推进经济多元化，逐步降低国民经济对石油产业的依赖度，出台多项具体措施支持中小微型企业发展。2012年10月，安哥拉宣布成立主权财富基金，为基础设施、金融、工业、农业、旅游业等提供资金支持。2014年下半年以来，受国际油价下跌影响，安哥拉经济发展面临困难增多，财政收入减少，外汇储备下降，经济增速进一步放缓。根据世界银行公布的统计数字，安哥拉2014年GDP为1330亿美元，人均GDP为5273美元，增幅为4.1%。

2010 ~ 2014 年安哥拉宏观经济数据

年　份	GDP（亿美元）	GDP 增长率（%）	人均 GDP（美元）
2010	824.71	9.2	3806.77
2011	1041.16	26.3	4665.91
2012	1187.19	14.0	5028.43
2013	1318.04	11	5245.17
2014	1330.00	0.91	5272.62

注：增长率按购买力平价计算。

资料来源：国际货币基金组织。

（2）财政收支

据安哥拉央行公布的数据，2014 年，安哥拉财政收入为 43228 亿宽扎（约合 412 亿美元），占 GDP 的比重为 30.9%；财政支出 46824 亿宽扎（约合 446 亿美元），占 GDP 的比重为 33.6%。

（3）外汇储备

截至 2015 年 3 月，安哥拉外汇储备为 260 亿美元。

（4）外债总额

截至 2014 年底，安哥拉政府公共债务为 365 亿美元，约占 GDP 的 27.4%。截至 2014 年底，安哥拉外债余额为 183 亿美元。

特别提示

··

★ 安哥拉经济总量的近60%来自油气资源开发和炼油，
  为非洲第二大产油国，石油主要出口目的地为美国、
  中国和其他欧亚国家，中国为安哥拉原油最大进口国。

★ 安哥拉钻石（毛钻）年产值占世界市场的12%，居
  世界第五位，2013年钻石收入占GDP的0.8%。

★ 人力资源咨询、外包和投资服务提供商美世对全球
  214个城市生活成本的调查结果显示，根据对住房、
  交通、食品、服装、家居以及娱乐等项目的衡量，
  安哥拉罗安达市2010年和2011年连续两年成为全
  球海外派驻人员生活成本最高的城市，远高于东京、
  莫斯科、日内瓦、香港等城市。

★ 安哥拉经济社会发展极不平衡，贫富差距很大，工
  资水平千差万别。目前国家公布的2014年最低月
  工资标准为：农业领域15003宽扎/月；交通、服
  务、制造业18754宽扎/月；采掘业和贸易领域
  22504.50宽扎/月。

··

2 贸易状况

（1）贸易发展

据安哥拉国家统计局统计，2014 年进出口贸易总额 907 亿美元，其中出口 624 亿美元，进口 283 亿美元。安哥拉在 GATS 协议下达成服务贸易开放承诺的共有 5 个部门。

（2）贸易伙伴

安哥拉主要出口目的地有美国、中国、法国、中国台湾、南非等；主要进口来源国包括葡萄牙、美国、中国、巴西、南非、法国、英国、德国、韩国等。

（3）贸易结构

安哥拉主要的出口商品是原油、钻石、成品油、天然气、咖啡、剑麻、鱼和鱼制品、棉花等。

主要进口商品是机电设备、车辆和零配件、药品、食品、纺织品、军用物资等。

（4）辐射市场

安哥拉是世界贸易组织成员。其参与的国际组织还有：非洲、加勒比和太平洋国家集团（ACP），非洲开发银行（AFDB），非洲联盟（AU），联合国粮食及农业组织（FAO），77 国集团（G-77），国际原子能机构（IAEA），国际复兴开发银行（IBRD），国际民航组织（ICAO），国际放射性核素计量委员会（ICRM），国际开发协会（IDA），国际农业发展基金（IFAD），国际金融组织（IFC），国际红十字及红新月运动（IFRCS），国际劳工组织（ILO），国际航海组织（IMO），国际刑警组织（Interpol），国际奥委会（IOC），国际移民组织（IOM），各国议会联盟（IPU），国际通信卫星组织（ITSO），国际电信同盟（ITU），国际贸易联盟（ITUC），多边投资担保机构（MIGA），不结盟运动（NAM），美洲国家组织（OAS），联合国贸易发展会议（UNCTAD），联合国工业发展组织（UNIDO），世界旅游组织（UNWTO），万国邮政联盟（UPU），世界海关组织（WCO），世界劳务组织（WFTU），世界知识产权组织（WIPO），世界气象组织（WMO），等等。

安哥拉参加的区域经济协定包括：南部非洲发展共同体（SADC），中部非洲国家经济共同体（CEEAC），几内亚湾区域组织以及葡语国家共同体（CPLP）。

（5）贸易主管部门

安哥拉贸易部是对外贸易主管部门，主要负责对外贸易政策制定和行使行政管理职能。

（6）贸易法规体系

《安哥拉共和国贸易法》是其对外贸易管理的基本法。据此，安哥拉共和国贸易部颁布了《进出口商品管理办法》和安哥拉共和国贸易部《对外贸易管理条例》。

（7）贸易管理的相关规定

进口许可证管理：根据安哥拉进口法规的规定，除备用配件、附件或类似物品、药品、设备和原材料外，安哥拉其他所有进口产品都受许可证管理。

许可证由国家银行发放，其依据为进口计划和进口商是否有外汇。每个进口商进口非许可证商品每季度最高金额为 5 万美元。国家根据外汇分配和注册公司进口商品范围等因素，将许可证发给有技术和有支付能力的注册公司。为取得许可证，公司必须向主管部门和商业部门递交 3 个国外供货商的报价。

进口许可证要填写进口商、供货商的姓名，中间人，根据布鲁塞尔关税分类法划分的种类、数量、单价，运输和保险公司，成本，支付方式和支付货币。一旦进口得到批准，国家银行就发出保函，并附有进口商品的许可证，同时通知出口商，货物发运前要经国际机构检验是否符合国际商品交易的规定。进口商品许可证的有效期为签发后的 180 天，并可延期。如果在这一时间内，一笔进口交易没有全部完成，则最初被认为的商品交易就改为资本交易。进口商品要征收 0.1% 的许可证费。

黄金的进出口由安哥拉国家银行垄断。安哥拉仅允许个人和外国企业以黄金首饰的形式持有黄金。

按照安哥拉贸易法规，从安哥拉出口的许多商品都需要交纳出口关税，平均税率为接近 4%。原油和咖啡免征出口关税。

（8）海关关税税率的相关规定

安哥拉关税税则中，生活必需品税率较低，为 5%～15%；农用物资在 10% 以内；日用品为 25%～35%；家用电器为30%～35%；奢侈品为 50%～85%。2009 年开始，经安哥拉国家议会审批，财政部实施新的关税税则，将对国内生产予以优惠，对工业用原料、设备以及中间产品的进口实行免税。新措施将对 58 类基本物资实行减税，使最终消费者受益。对海关清单的审查旨在将海关体系与一些正在实行的产品税率的调整保持协调。对一些生产要素如原料、设备和中间产品等工业品实行免税政策，基于同样安排，属于需要征收进出口税的33类产品税率仅有轻微增加。此外，财政部决定保持19类产品的进口税率。

3 投资状况

（1）投资主管部门

目前，安哥拉国家私人投资局（ANIP）为该国主管国内外私人投资的政府主管部门。该机构的主要职能是：根据议会通过的《私人投资基本法》负责全国私人投资领域的政策执行，负责对私人投资的促进、协调、指导和监督。

（2）鼓励投资行业

根据安哥拉《私人投资税收和关税鼓励法》的规定，安哥拉政府鼓励外商在以下领域开展的投资：①农牧业；②加工工业，特别是包装生产，机械、设备、工具和配件的生产，材料回收，纺织、服装生产和制鞋，木材及副产品生产，食品和建材生产，信息和通信设备生产；③铁路、公路、港口、机场、通信、能源和水等基础设施；④电信业；⑤捕鱼及其加工，包括造船和织网；⑥水电力；⑦住宅建设；⑧卫生和教育；⑨大型载物和载客设备生产制造；⑩旅游。

（3）投资限额

根据2011年生效的新《私人投资基本法》，安哥拉政府要求外商投资企业的最低投资额为 100 万美元，没有上限。

（4）投资形式

安哥拉认定为外商投资的形式主要包括以下内容：一是引入可自由兑换货币；二是输入技术和专利；三是引进机械和设备；四是参股安哥拉本土企业；五是国外贷款投入。

（5）投资合作方式

根据安哥拉法律规定，外国公司可以下方式在安哥拉开展投资合作：①建立和扩大外国企业分支机构或其他形式代表处；②建立新的外国独资企业；③全部或部分购买已有企业或企业集团，或参与购买新的或已有企业或企业集团；④签订或重订合伙合同、合营合同、合资合同或按资本额参与第三方或其他法律虽未规定但符合现行国际贸易做法的合同；⑤通过购买资产或签订转让合同，全部或部分取得商店和工厂；⑥通过租赁或任何形式的契约，投资人占有或开发全部或部分农业企业；⑦从事综合性、旅游产业或其他法律规定的不动产开发；⑧进行资本补充贷款、股东预付款以及与利润分配相关的借贷；⑨购买境内不动产用于私人投资项目。

特别提示

★ 安哥拉自来水实行累进水价。10 吨以下，45 宽扎/吨；11～20 吨，60 宽扎/吨；21～100 吨，90 宽扎/吨。

★ 人民币与安哥拉宽扎不可直接兑换。

扩展阅读：安哥拉对外国的投资优惠政策

优惠政策框架

　　为吸引外国投资，安政府努力改善投资环境。2003 年 4 月 2 日经国民议会审议通过《私人投资基本法》、《私人投资促进法》和《私人投资税收和关税鼓励法》。根据这些法律，安哥拉政府给予外国投资者国民待遇，政府保证外国投资者对投资的所有权和自由支配权，并享受与本国投资者一样的税收鼓励政策和必要便利。

地区鼓励政策

　　根据法律规定，安哥拉政府给予外国投资者国民待遇，并在多项税收和进口关税方面给予减免、鼓励，简化投资手续。除确定了优先投资领域外，同时在全国各地设立了 A、B、C 三类开发区。根据投资优先部门、开发区类别、投资年限等因素，在进口设备、原材料等方面分别给予关税减让和免除。投资所得利润在不同开发区免缴 8 ～ 15 年工业税。安政府还准备设立经济特区，对其投资界定和鼓励措施将制订专门法律确定。

　　国家鼓励在以下开发区开展投资，并享受相应的投资鼓励政策。

　　A 区——罗安达省、本格拉省、威拉省和卡宾达省的省会城市和洛比托市；

B区——本格拉省、卡宾达省和威拉省的其他各市以及南宽扎省、本戈省、威热省、北宽扎省、北隆达省和南隆达省；

C区——万博省、比耶省、莫希科省、宽多‐库邦戈省、库内内省、纳米贝省、马兰热省和扎伊尔省。

【关税减免】在规定期限内，除印花税和服务性收费等应缴税费以外，投资活动免缴包括重型和技术车辆在内的用于启动与发展投资业务的物资和设备的关税以及其他海关税收。免税期限分别是：在A区的投资免税期限3年，B区免税期限4年，C区免税期限6年。

【工业税减免】投资利润免缴工业税，A区的期限是8年，B区是12年，C区是15年。在C区开展的投资项目，除总包价格免缴工业税外，分包价格也一并免缴工业税，期限也是15年。豁免期自开始建厂之日起计算。

【支出抵扣】在上述免税期内，投资时发生的相关支出在确定是否征税时可作为费用加以扣除。

【资本使用税】投资企业分配给会员的利润在以下的期限内免缴资本使用税：A区5年，B区10年，C区15年。

行业鼓励政策

【消费税】企业购买项目用地和不动产免缴消费

税，但需就此向有关税务部门提出申请。

【其他税收优惠】安哥拉将农业列入外商投资的优先领域，对生产型项目的投资给予财政税收鼓励，如免除投资项目中购置不动产的转让税、从收益的第二年起 5 年内减收工业税的 50%、免除投资项目专用设备和原料的进口关税等。对农业基础设施建设项目，政府可提供一定的优惠贷款。

特殊经济区域的规定

【罗安达－本格经济特区（ZEE）】位于罗安达市维也纳区 30 公里处，于 2005 年开始建设，占地面积 8300 公顷。该经济特区规划有 73 家企业入驻。

【经济特区政策】根据安哥拉 49/11 号条例的规定，安哥拉本国企业享有优先进驻 ZEE 的权利；为保护该区域的安全和环境质量，禁止从事烟花爆竹、军火类生产的企业入住。

4 货币管理

安哥拉现行法定货币名称为 KWANZA（缩写 KZ，代码 AOA），译作"宽扎"，取安哥拉国内著名河流宽扎河的名字，宽扎河被安哥拉人尊称为"母亲河"。目前流通的宽扎纸币的面值有 8 种。安哥拉新版货币已于 2013 年发行，硬币面额有 10 宽扎、5 宽扎、1 宽扎和 50 分。美元可在当地银行兑换成当地货币宽扎，但当地货币宽扎只能在黑市兑换成美元。2010 年以来，宽扎兑美元汇率基本保持稳定。

5 外汇管理

安哥拉实行外汇管制。在当地注册的外资企业，经批准可开设银行账户（包括外汇账户）；外汇进入不受限制，外汇汇出需提交相关材料。利润汇出控制较严，除需缴纳 35% 营业税外，还有配额限制；外国人入境携带外汇现金如超过 1 万美元或等值其他外国货币入境，必须向海关申报。出境时有长期工作签证人员限带 1 万美元或等值的宽扎。

（1）外汇交易

根据 1991 年 4 月 20 日颁布的安哥拉《国家银行法》和《金融机构法》，国家银行和商业银行可以从事外汇交易。安哥拉国家银行指定银行办理和监督经批准的非贸易外汇交易。经安哥拉国家银行授予许可证的商业银行和外汇交易商，可以按照浮动汇率进行外汇交易。国家银行在自由外汇市场只与金融机构进行外汇交易。所有的进出口贸易都要受进出口许可的管理。贸易外汇收支必须通过安哥拉国家银行的外汇部门和其他两家商业银行办理。安哥拉国家银行以中央银行和指定商业银行的双重身份进行外汇交易。安哥拉国家银行规定，进口支付一般使用出口国的货币或者美元。

（2）贸易外汇管理

出口收入管理。出口商必须在发货后 30 天内收汇并将其结售给安哥拉国家银行。某些外国企业（如石油公司）可以只将一部分出口收汇结售给国家银行，其余部分可以保留以用于生产。

进口支付管理。进口商支付商品进口的外汇，一部分来自自留，另一部分来自经进出口主管部门批准从中央银行兑取。多数情况下，只有持有进口许可证的进口商才能申请用于进口的外汇；得到进口批准的进口商可以得到国家银行的担保（向出口商发担保函）；资本货物的进口必须有部分中期外国信贷的资助。非许可证商品进口商每季度进口限额为 5 万美元。

（3）非贸易外汇收入管理

要经安哥拉国家银行批准，才可与非居民签订服务合同，各主管部门监督合同的履行。所有的非贸易外汇收入必须在收款后 30 天内结售给安哥拉国家银行。个人带入安哥拉的外币现钞和外汇旅游支票的数量不受限制。但每人每次超过相当于 1 万美元的数额，则必须在入境时提出申报。居民离境时，出示购买外汇证明，可带出 5000 美元以上的外币现钞。非居民出境时如带出外汇超过 1 万美元，也必须出示购买外汇的证明。现金个人收入汇款方面，持工作签证的外国人可以在本地商业银行开设个人账户，每年汇款最高限额为 6 万美元。工作签证持有者出境可以携带 1 万美元的外汇。

非贸易外汇支付管理与非居民签订服务合同要有许可证。国内航运和海运享受优惠待遇。一般不批准进口商品使用外国保险。私人出国旅行只有在少数情况下才可以购买外汇。

另外，为旅游或商务来安哥拉的非居民，在离开安哥拉时，可以购买其出售外汇额 50% 的外汇。在安哥拉购买外汇时要递交出售外汇水单。安哥拉国家银行严禁本国货币输出。资本出境须经财政部批准，外资公司清理后的资本和股息可以汇出。个人资本的转移，如遗产、嫁妆、工资和薪金储蓄、个人财产销售收入等的出境，必须获得批准。

四　产业发展

1　概述

安哥拉具有人均自然资源占有率高的特点，这主要体现在其丰富的矿产资源上。安哥拉也有广大的可耕地，农业具有极大的潜力。事实上，早在葡属殖民地时期，安哥拉的农业和采矿业就成为国民经济的两大支柱，其中，农作物中的咖啡一度成为安哥拉最大的出口产品，石油和钻石开采业也得到蓬勃发展。

近年来，安哥拉的产业结构发生最大变化的还是石油部门，在世界新一轮的"石油热"中实现了快速增长，现任政府为了吸引外资和恢复经济，也十分倚重石油财政；政府虽加大了对农林渔业的扶植力度，而且渔业正在兴起为重要出口创汇产业，农业也渐趋恢复，但是出口的农产品依然只有咖啡一种，农业产值所占比重依然在很低水平；钻石生产停滞多年又开始逐渐恢复；安哥拉旅游资源丰富，但境内因为还有艰巨的排雷任务等问题，发展水平还很有限。产业结构的长期单一化，限制了能够吸纳大量劳动力的制造业、农业和服务业的发展，而资本密集型的石油部门的快速发展进一步加剧了安哥拉产业结构的不合理，未来稳固而可持续的经济发展要求安哥拉制定更为合理、相对平衡的产业结构发展政策。

2 电力工业

安哥拉拥有很大的电力生产潜力，既可发展水力发电，也可以使用当地生产的石油发电。但是，安哥拉的电力供应市场缺乏政府统一管理，发挥不出安哥拉电力应有的能力和作用。在水电蕴藏量方面，安哥拉在整个非洲大陆排名第三，年水电蕴藏量为 1.5 亿兆瓦时，其中 6500 万兆瓦时具有经济开发可行性。该水电潜力允许安哥拉建造装机容量达 5 万兆瓦的水电站，将超过南非的总发电量。

3 食品加工业

安哥拉政府对于食品加工业的投资主要是在酿酒、软饮料、糖业加工、烘焙和制粉以及食用油生产等方面。政府控制了面包制作业，管理着 8 个面包工厂，设备有较大改善。近年来，安哥拉各种饮料业均有所发展，其巨大市场也特别吸引了世界各大投资商。除了石油和钻石部门以外，可口可乐公司是第一家直接由外资建立的工厂，其中 50% 的产品在安哥拉销售。安哥拉是葡萄牙饮料生产商康帕尔（Compal）的最大出口市场。2006 年 3 月，该公司在安哥拉第一家工厂开始运营，果汁生产能力达到每年 300 万到 400 万公升，约占安哥拉市场年果汁消费量的 1/3。

4　轻工业

安哥拉的轻工业包括纺织、制衣、烟草、肥皂、火柴和塑料以及木材制品。2006 年 1 月 16 日，安哥拉玻璃制造公司（Vidrul）签订了一份价值 1620 万美元的投资协议，对该公司的设施进行现代化改造，并把年产量从目前的 1600 万瓶提高到 4300 万瓶。按照协议，该公司除生产玻璃瓶之外，将来还会生产其他产品，每年生产 4.2 万吨左右的产品。2006 年 3 月，葡萄牙青春女神家具公司（Iduna）与安哥拉总统女儿、女商人伊萨贝尔·多斯桑托斯共同投资 250 万美元，在罗安达建立安哥拉第一个家具厂。双方分别持 45% 的股份，剩下 10% 由新家具厂总裁和财政总监持有。安哥拉每年涂料市场的交易额为 2000 万欧元，自 1968 年开始就几乎完全被伊比利亚涂料市场的领头羊西恩公司（CIN）占领。2006 年 3 月 15 日，葡萄牙第四大涂料生产商宣称要在安哥拉投资 100 万美元启动一个年生产能力为 100 万公升的新涂料工厂。

5　重工业

安哥拉重工业中的主要部门是汽车生产线、钢条和钢管、锌片以及其他金属制品，以及无线电和电视元件生产线、轮胎、电池。得益于 20 世纪 80 年代末以来的经济调整，安哥拉的重工业也有缓慢发展。很多外资公司纷纷以各种方式介入。2002

年 4 月，安哥拉政府和一家德国公司签订了建立一家铝熔化厂的合同。2003 年，中国的广东海外建筑公司在安哥拉投资 720 万美元，建立了安哥拉第一家摩托车装配线。2004 年 7 月，安哥拉进口了以吉普车闻名世界的巴西特儒勒公司的第一辆吉普车。2006 年 2 月，巴西特儒勒公司与安哥拉有关方面进行谈判，计划在安哥拉建一个吉普车制造厂，并将其建成向其他非洲国家出口车辆的平台。新工厂计划组装特儒勒 T4 吉普、特儒勒 T4-M 军用吉普、潘塔纳尔（Pantanal）敞篷卡车以及一些为适应安哥拉公路而改装的车辆。

6 特色产业

（1）工矿业

石油和钻石开采是安哥拉国民经济的支柱产业，年产石油逾 6 亿桶，为非洲第二大产油国。2014 年安哥拉石油出口 5.991 亿桶，收入约 275 亿美元。安哥拉为世界第五大产钻国，2014 年钻石产量近 1000 万克拉。主要工业还有水泥、建材、车辆组装和修理、纺织服装、食品和水产加工等。

（2）农业

安哥拉独立前，粮食不仅自给自足，还大量出口，被誉为"南部非洲粮仓"，其剑麻和咖啡出口量分别位居世界第三和第四。但长达数十年的内战给安哥拉农业生产体系造成严重破坏，目前近一半的粮食供给依赖进口或援助。全国可开垦土地面积约 3500 万公顷，目前耕地面积约为 350 万公顷。农业人口约

占全国人口的 65%，人均耕地面积 0.18 公顷。北部为经济作物
产区，主要种植咖啡、剑麻、甘蔗、棉花、花生等作物。中部
高原和西南部地区为产粮区，主要种植玉米、木薯、水稻、小
麦、土豆、豆类等作物。主要农作物平均单产低，玉米为 500
千克／公顷，水稻为 1000 千克／公顷，大豆为 200 千克／公
顷。粮食尚不能自给。2013 年粮食产量为 150 万吨，粮食自
给率为 30%，缺口为 300 万吨。2013 年咖啡产量为 5 万袋（约
3000 吨）。

（3）渔业

渔业资源丰富，盛产龙虾、蟹、各种海洋鱼类。渔场作业
条件好，风浪小，可全年作业，多数中、小渔业公司已私有化。
渔业为其重要产业，从业人员约 5 万人。本格拉和纳米贝是重
要捕鱼区。2015 年，捕鱼量约 40 万吨。

（4）畜牧业

安哥拉牧场面积 5400 万公顷，南部为传统畜牧饲养区。
畜牧业可满足国内一半的牛羊肉和鸡肉供应。

五　金融体系

　　安哥拉中央银行的运转长期以来都欠妥当，其过大的财政花销造成的财政赤字往往通过增加货币发行量来弥补，结果导致货币供应量过快增长和高通胀率。在 21 世纪初的几年时间里，作为反通胀的措施之一，安哥拉国家银行对货币发行进行了干预，这使宽扎贬值的速率远低于通胀率。目前，政府加强了财政纪律，这两年对于通胀率的控制也效果显著。随着安哥拉石油出口收益不断增长，安哥拉中央银行仍然主要通过控制汇率市场来稳定宽扎。

1　安哥拉银行体系

　　安哥拉中央银行为安哥拉国家银行（BNA）。安哥拉有商业银行近 20 家，规模普遍较小，既有当地私人资本，也有来自葡萄牙、南非和俄罗斯等国的外资银行。主要商业银行有储蓄与信贷银行、非洲投资银行、发展银行、国际信贷银行、圣灵银行、安哥拉发展银行、安哥拉千禧银行、工商银行、安哥拉商业银行、安哥拉托塔银行、大西洋私人银行、国际贸易银行、克威地区银行、太阳银行、非洲 VTB 银行以及最大股东为中国工商银行的标准银行。安哥拉商业银行的资本金规模比较小，这不仅影响各银行向市场提供授信的能力，也导致银行承受金融风险能力偏弱。

截至 2015 年底，正在运营的商业银行数量由 2014 年的 23 家增加到了 27 家。另外，还有 2 家银行已经获得银行牌照，但尚未正式营业。

2015 年安哥拉银行名单

序号	葡语名称	银行名称缩写	中文名称	国 别	备 注
1	Banco Africa de Investimentos, S.A.	BAI	安哥拉非洲投资银行	安哥拉	在运营
2	Banco Económico, S.A.	BE	安哥拉经济银行	葡萄牙	原圣灵银行股东结构调整后更名
3	Banco de Poupança e Crédito, S.A.	BPC	安哥拉储蓄与信贷银行	安哥拉	在运营
4	Banco de Fomento Angolano, S.A.	BFA	安哥拉 BFA 银行	葡萄牙	在运营
5	Banco Internacional de Credito, S.A.	BIC	安哥拉国际信贷银行	安哥拉	在运营
6	Banco Privado Atlântico, S.A.	BPA	安哥拉大西洋私人银行	安哥拉	在运营
7	Banco Sol, S.A.	BSOL	安哥拉太阳银行	安哥拉	在运营
8	Banco Millennium Angola, S.A.	BMA	安哥拉千禧银行	葡萄牙	在运营
9	Banco de Negócios Internacional, S.A.	BNI	安哥拉国际贸易银行	安哥拉	在运营
10	Banco Caixa Geral Totta de Angola, S.A.	BCGTA	安哥拉托塔银行	葡萄牙	在运营

序号	葡语名称	银行名称缩写	中文名称	国别	备注
11	Banco de Comércioe Indústria, S.A.	BCI	安哥拉商业和工业银行	安哥拉	在运营
12	Banco Keve, S.A.	KEVE	安哥拉克威地区银行	安哥拉	在运营
13	Standard Bank de Angola, S.A.	SBA	安哥拉标准银行	南非	在运营
14	Finibanco Angola, S.A.	FNB	安哥拉菲尼银行	南非	在运营
15	Banco Angolano de Negócios e Comércio, S.A.	BANC	安哥拉企业银行	安哥拉	在运营
16	Banco Valor, S.A.	BVB	安哥拉价值银行	安哥拉	在运营
17	Banco Comercial do Huambo, S.A.	BCH	安哥拉万博商业银行	安哥拉	在运营
18	Banco VTB África, S.A.	VTB	安哥拉非洲VTB银行	俄罗斯	在运营
19	Banco Comercial Angolano, S.A.	BCA	安哥拉商业银行	安哥拉	在运营
20	Banco de Desenvolvimento de Angola, S.A.	BDA	安哥拉发展银行	安哥拉	在运营
21	Banco BAI Micro Finanças, S.A.	BMF	安哥拉BAI小型财务银行	安哥拉	在运营
22	Standard Chartered Bank de Angola, S.A.	SCBA	安哥拉渣打银行	英国	在运营

续表

序号	葡语名称	银行名称缩写	中文名称	国　别	备　注
23	Banco Kwanza Investimento, S.A.	BKI	安哥拉宽扎投资银行	安哥拉	在运营
24	Banco Yetu, S.A.	YETU	安哥拉耶图银行	安哥拉	2015 年开业
25	Banco de Investimento Rural, S.A.	BIR	安哥拉农业投资银行	安哥拉	2015 年开业
26	Banco Prestígio, S.A.	PRG	安哥拉声望银行	安哥拉	2015 年开业
27	Banco Pungo Andongo, S.A.	BPAN	安哥拉庞古·安东古银行	安哥拉	2015 年开业
28	Ecobank de Angola, S.A.	ECO	安哥拉 ECO 银行	尼日利亚	尚未营业
29	Credisul - Banco de Crédito do Sul, S.A.	BCS	安哥拉南方信贷银行	安哥拉	尚未营业

资料来源：安哥拉国家银行。

安哥拉银行的资产主要集中在安哥拉最大的五家银行，这五家银行为 BAI、BE、BPC、BFA 和 BIC，五家银行的资产占安哥拉银行业全部资产的近 72%，而其余银行的资产只占银行业全部资产的约 28%。

2　银行体制的改革

1991 年的经济体制改革将安哥拉国家银行的活动限定在

中央银行的范围内，并且彻底结束了国家对于金融服务业的垄断局面。1991 年，另一家国家银行——安哥拉商业和工业银行（Banco de Comércioe Indústia，BCI）建立。安哥拉人民银行则改名为安哥拉储蓄与信贷银行（Banco de Poupança e Crédito，BPC），国家主要通过这个银行来给职员们发工资以及开展其他常规业务。但是，因为宏观政策不力，加上极高的通胀率和混乱的利率，这两家银行一直运转不顺畅。

2002 年末内战结束后，安哥拉政府组建了新的改革派内阁，开始倡导经济改革，使得整个安哥拉金融业的状况大为改观。国际货币基金组织支持安哥拉财政部门的调整，包括帮助安哥拉工商银行和安哥拉人民信贷银行实现私有化。安哥拉国家保险公司从 2003 年 11 月以来也开始进行调整，此后该公司分成两个部分：安哥拉保险公司和安哥拉再保险公司。到 2004 年中期，随着通胀率降低到 50% 以下，利率渐渐有利于储户，全国的储蓄率也因此快速上升。民众对于国家货币和安哥拉银行业的信心大大增强，很多人都开始兑换美元，但是，很小规模的交易也要在银行内部进行。安哥拉出现了经济稳定、经济代理商和家庭储蓄持续增长、通货膨胀稳步下降的局面；由于受到客户贷款额和债券发行量增长的刺激，安哥拉银行资产普遍增长。安哥拉国家银行的数据显示，2005 年，安哥拉发展银行的发放贷款量在所有安哥拉银行中排名首位，取代了储蓄和贷款银行的位置，储蓄和贷款银行在存款额方面仍保持第一。安哥拉非洲投资银行（BAI）是安哥拉的第三大银行，接下来较为重要的银行，分别是圣埃斯皮里图银行和安哥拉工商银行。

3　证券市场

2005 年 12 月 23 日，安哥拉证券交易所委员会（CMC）举行落成典礼。建立证券交易所委员会的目的是监督安哥拉证券交易，并创造条件为安哥拉吸引投资。2006 年 3 月 2 日，罗安达召开"安哥拉资本市场论坛"，论坛讨论了安哥拉股票市场规则、保险公司与养老金投资以及金融中介等议题。与此同时，安哥拉资本市场委员会开始制定技术和金融条款，准备启动安哥拉的第一个证券交易所（BVD）。安哥拉证交所位于罗安达市中心的穆塔姆巴，创办资本为 1600 万美元，筹集自 27 位股东。安哥拉市场监管局局长克鲁兹·利马（Cruz Lima）出任安哥拉证券交易所总裁，新证券交易所的第一个交易日设在 2006 年 10 月。利马认为，安哥拉证券交易所非常重要，因为它使私有化更加透明，带来更国际化的公开规格和更有效的标准。

4　非国有银行业的发展

1992 年安哥拉国有化时期结束以后，国内再次出现了外国银行的身影，这主要是因为安哥拉的银行业赢利水平极高。仅罗安达就有 4 家葡萄牙商业银行在活动，主要从事零售银行业务。其中最大的一家是葡萄牙投资银行的附属机构安哥拉发展银行（Banco de Fomento Angolano，BFA）。截至 2004

年 7 月，该银行已经拥有安哥拉全部储蓄额的 28%，拥有 15
万户储户和全国范围内的 30 多家分支银行。20 世纪 90 年代
末以来，特别是从战争结束、新的改革再次开始之后，安哥拉
的私营银行业获得迅速发展。安哥拉最大的私有金融机构就是
安哥拉非洲投资银行（Banco Africano de Investimentos，
BAI），安哥拉国家石油公司是其股东之一。另一个较小的银行
是安哥拉商业银行（Banco Comercial Angolano，BCA），
其发展速度较慢。另外，自从 2001 年以来，一家安哥拉人自
己开办的私有银行承担了小型的贷款和其他银行业务。2002 年
建立的地区银行（Banco Keve）主要负责为农业部门提供金
融服务。

安哥拉
ANGOLA

第四篇
双边关系

安哥拉
ANGOLA ···

一　双边政治关系

　　20 世纪 80 年代初，中国政府率先改善了与安人运政府的关系，1983 年 1 月 12 日，中华人民共和国与安哥拉共和国正式建交。建交以来，两国关系发展顺利。安哥拉政府长期坚持一个中国的立场，支持中国的统一大业。安哥拉内战期间，中国积极支持其和平进程。中国一般不主张在国际关系中使用制裁等强制手段，但为推动安哥拉和平进程，中国对联合国安理会通过的制裁安盟的决议投了赞成票。中国在安哥拉和平进程中发挥了积极作用，在联合国安理会框架内坚持对安哥拉的支持；内战结束后，中国又慷慨援助安哥拉战后重建，为安哥拉经济恢复与发展提供了宝贵支持。

　　中国与安哥拉建交以来，两国在政治、经贸等各个领域进行了富有成效的合作。两国高层互访有力地推动了双边关系的发展。中方访问安哥拉的领导人主要有：外长钱其琛（1989年 8 月）、国务院副总理朱镕基（1995 年 8 月）、外长唐家璇（2001 年 1 月）、国务院副总理曾培炎（2005 年 2 月）。安哥拉访华的领导人主要有：总统多斯桑托斯（1988 年 10 月、1998 年 10 月）、国民议会议长范杜嫩（1993 年 11 月）、外长莫拉（1994 年 3 月）、安人运总书记洛波（1998 年 9 月）、安人运总书记洛伦索（2000 年 5 月）、国民议会议长阿尔梅达（2001 年 5 月）、外长米兰达（2004 年 5 月）、安人运副主席内图（2004 年 6 月）等。

1983 年建交后，中国与安哥拉两国友好合作关系不断发展。2001 年 1 月 15 ～ 16 日，中国外交部部长唐家璇访问安哥拉，宣布中国政府将减免安哥拉欠中国政府的 8100 万美元外债中的一部分。安哥拉将派出代表参加一个合作委员会，共同评估减债事务。这是中国承诺的价值共计 12 亿美元的对非洲国家债务减免的一部分。2004 年 2 月，安哥拉财政部副部长爱德华多·德莫赖斯和部长若泽·德莫赖斯先后访华，双方签署了有关中、安经贸合作协议；4 月，安哥拉邮电部部长里贝罗访华；9 月，安哥拉总检察院副总检察长若昂·索萨和安哥拉新闻代表团分别访华。2005 年 2 月 24 日，时任中国国务院副总理曾培炎对安哥拉进行正式访问。这一系列互访活动，一方面表明了双方业已存在的友好关系，另一方面进一步增进了相互了解并加深了传统友谊，对在政治、经济、文化、军事等领域不断扩大互利合作起到了推动作用。2014 年 5 月，李克强总理对安哥拉进行了正式访问，为中安关系发展注入了新的活力。

二　双边经济关系

1　双边贸易

近年来，中国向安哥拉提供了一些经济技术援助，完成了经济住房、罗安达省医院、农村小学校等成套项目。

1984 年，中安两国政府签订贸易协定。1988 年双方建立经贸联委会机制。2011 年，中安两国签署劳务合作协定。截至 2014 年底，中国在安哥拉累计签署承包劳务合同额 478 亿美元，完成营业额 434 亿美元。中国政府和企业积极参与安哥拉战后重建，双边经贸合作发展迅速。中国是安哥拉第一大贸易伙伴国、第一大出口目的地国、第二大进口来源国，中安贸易额约占安哥拉对外贸易总额的 37.6%。据中国海关统计，2014 年中安贸易额 370.71 亿美元，同比增长 3.23%，其中，中方出口 59.76 亿美元，同比增长 50.73%；中方进口 310.94 亿美元，同比下降 2.74%。

中国对安哥拉出口商品主要包括汽车及零配件（12.57%）、家具及家具产品（12.29%）、机电产品（12.2%）等。

中国从安哥拉进口商品主要为原油（99.85%），其他类别包括：①矿物燃料、矿物油及其产品、沥青等；②盐、硫黄、土及石料、石灰及水泥等；③木及木制品、木炭；④矿物材料的制品；⑤电机、电气、音像设备及附件。

2010 ~ 2014 年中国与安哥拉贸易统计

年　份	进出口总额		中国出口		中国进口	
	金额 （亿美元）	增幅 （％）	金额 （亿美元）	增幅 （％）	金额 （亿美元）	增幅 （％）
2010	248.17	45.4	20.00	−16.0	228.13	55.4
2011	277.06	11.6	27.84	39.0	249.21	9.2
2012	375.74	35.6	40.40	45.1	335.34	34.6
2013	359.35	−4.4	39.65	−1.8	319.70	−4.7
2014	370.71	3.2	59.76	50.7	310.94	−2.74

资料来源：中国海关、安哥拉国家统计局。

2 双边经济合作

中国政府一直鼓励有实力的企业积极参与安哥拉的战后重建，越来越多的中国公司到安哥拉发展。截至 2004 年底，经外经贸部批准，中国企业在安哥拉承包工程合同额累计 7.76 亿美元。2005 年下半年开始，中国增强了对安哥拉石油业、建筑业以及农业、卫生、教育和电信方面的援助与合作。中国江苏国际集团公司已经签署价值为 4100 万美元的建造罗安达司法大厦的合同。安哥拉与中国两国合作重建本格拉铁路，该铁路于 2007 年全线通车。2006 年 3 月 21 日，安哥拉中资企业商会（CCCCA）召开会员大会，对内宣布安哥拉中资企业商会于即日起正式成立。安哥拉中资企业商会会员目前有中国机械设备进出口总公司（CMEC）、中水电、江苏国际、中兴通讯、华为、中国石化、中国海外工程总公司、中国船舶工业集团公司等 26 家驻安哥拉中资企业，从业人员共 1300 多人。

安哥拉日产石油达 130 万桶，但只有一个炼油厂，远远不能满足炼油的需要。由于炼油能力不足，安哥拉每年用于进口石油衍生品的费用很高，仅进口燃料所需费用就有 3 亿～ 4 亿美元，而且这个数字将在短期内上升到 6 亿美元。安哥拉国家石油公司和中国石化合作的中国石化 – 安哥拉石油国际公司（Sonangol Sinopec），于 2006 年 4 月签署管理和启动协议。协议规定，中国石化负责为炼油厂的建设融资。2010 年，中国石化 – 安哥拉石油国际公司下属的石油日处理能力为 20 万桶的洛比托炼油厂（Sonaref）正式运营，极大改变安哥拉支付大笔金额用于能源消费的状况。

由于澳门与葡萄牙有特殊的历史关系，回归后的澳门成为促进中国与葡语国家，特别是安哥拉经贸往来的桥梁。例如，澳门设有安哥拉银行分行。2003 年 10 月 12 ～ 14 日，第一届"中国 – 葡语国家经贸合作论坛（澳门）"在澳门特区顺利举行。中国与葡语国家的贸易增长迅速。

2005 年初，在安哥拉首都罗安达市举行了首届"中国与葡语国家企业家经贸洽谈会"。2005 年 9 月，在澳门召开了建设连接中国与 8 个葡语国家的空运和海运物流网络的会议。这个物流网络将通过空运和海运连接中国和 8 个葡语国家，包括仓库和旅游基础设施。2005 年 12 月，新一届中国 – 葡语国家经贸合作论坛（澳门）召开。安哥拉驻华大使若奥·贝尔纳多说，

中国银行驻罗安达代表处外景

图片提供：中国银行

澳门论坛"开创了一种新局面，为中安两国更多产业带来更加稳定的合作"。

　　中国银行股份有限公司罗安达代表处成立于 2012 年 12 月，是中国银行继在赞比亚、南非和肯尼亚设立分支机构后，在非洲设立的第四家常设机构，也是第一家经安哥拉中央银行批准、在安哥拉正式注册登记的中资银行。罗安达代表处自成立以来，积极为安哥拉中资企业以及当地公司和金融机构提供与中国银行集团开展业务合作的桥梁；为企业提供融资、外汇、结算及投资等方面的咨询；将安哥拉优质的贷款项目、中间业务项目以及离岸存款业务等推荐给中国银行集团的总行、国内分行或者海外分行进行具体合作等。同时，代表处也在动态跟进了解安哥拉的经济金融环境和市场的发展变化，为中国银行未来在安哥拉设立分行或其他形式的经营性机构做前期准备。

三　安哥拉主要商会、行业协会及华人社团

安哥拉中国总商会

网址：www.assochina.com

电话：00244-926219278

电邮：1808271118@qq.com

四　安哥拉当地主要中资企业

1	中信建设有限责任公司（CITIC）
2	中国水电建设集团国际公司（SINOHYDRO）
3	中石化集团国际石油勘探开发有限公司
4	中国机械设备进出口总公司（CMEC）
5	中国中铁四局集团有限公司（CTCE）
6	中国路桥（集团）总公司（CRBC）
7	中工国际工程股份有限公司
8	中铁二十局（CR20）
9	中国港湾工程有限责任公司
10	海山国际

详细中资企业名录请参见：

商务部"走出去"公共服务平台网站。相关网址：http://
fec.mofcom.gov.cn/article/gbdqzn/。

安哥拉

ANGOLA

附　录

安哥拉
ANGOLA ···

附录　世界银行·营商环境指数

　　为评估各国企业营商环境，世界银行通过对 155 个国家和地区的调查研究，对构成各国的企业营商环境的十组指标进行了逐项评级，得出综合排名。营商环境指数排名越高或越靠前，表明在该国从事企业经营活动条件越宽松。相反，指数排名越低或越靠后，则表明在该国从事企业经营活动越困难。

安哥拉营商环境排名

安哥拉	
所处地区	撒哈拉以南非洲
收入类别	中高收入
人均国民收入总值（美元）	5300
营商环境 2016 年排名：181，与上一年相比，前进 2 名	

安哥拉营商环境概况

　　下表同时展示了安哥拉各分项指标与"世界领先水平"的距离，"世界领先水平"反映了《2016 年营商环境报告》所包含的所有经济体在每个指标方面（自该指标被纳入《营商环境报告》起）表现出的最佳水平。每个经济体与领先水平的距离以从 0 到 100 的数字表示，其中 0 表示最差表现，100 表示领先水平。

指 标	安哥拉	撒哈拉以南非洲	经合组织
开办企业			
2016 与世界领先水平的距离（百分点）：76.79			
程序（个）	8.0	8.0	4.7
时间（天）	36.0	26.8	8.3
成本（占人均国民收入的百分比）	22.5	53.4	3.2
实缴资本下限（占人均国民收入的百分比）	18.9	45.1	9.6
办理施工许可证			
2016 与世界领先水平的距离（百分点）：66.65			
程序（个）	10.0	14.4	12.4
时间（天）	203.0	162.2	152.1
成本（占人均收入的百分比）	0.5	6.6	1.7
建筑质量控制指标（0 ~ 15）	6.0	6.9	11.4
获得电力			
2016 与世界领先水平的距离（百分点）：42.63			
程序（个）	7.0	5.4	4.8
时间（天）	145.0	130.1	77.7
成本（占人均国民收入的百分比）	615.0	4075.6	65.1
供电可靠性和电费指数透明度（0 ~ 8）	0.0	0.9	7.2
登记财产			
2016 与世界领先水平的距离（百分点）：40.87			
程序（个）	7.0	6.2	4.7

续表

指　　标	安哥拉	撒哈拉以南非洲	经合组织
时间（天）	190.0	57.5	21.8
成本（占财产价值的百分比）	2.9	8.3	4.2
土地管理系统的质量指数（0～30）	7.0	8.4	22.7
获得信贷			
2016 与世界领先水平的距离（百分点）：5.00			
合法权利指数（0～12）	1.0	4.9	6.0
信用信息指数（0～8）	0.0	2.3	6.5
私营调查机构覆盖范围（占成年人的百分比）	3.3	5.8	11.9
公共注册处覆盖范围（占成年人的百分比）	0.0	7.1	66.7
保护少数投资者			
2016 与世界领先水平的距离（百分点）：56.67			
少数投资者保护力度指数（0～10）	5.7	4.5	6.4
纠纷调解指数（0～10）	5.3	4.9	6.3
披露指数	4.0	5.4	6.4
董事责任指数	6.0	3.6	5.4
股东诉讼便利度指数（0～10）	6.0	5.7	7.2
股东治理指数（0～10）	6.0	4.1	6.4
股东权利指数（0～10）	7.0	5.4	7.3
所有权和管理控制指数（0～10）	7.0	3.8	5.6
公司透明度指数（0～10）	4.0	2.9	6.4

续表

指　　标	安哥拉	撒哈拉以南非洲	经合组织
纳税			
2016 与世界领先水平的距离（百分点）：62.25			
纳税（次）	30.0	38.6	11.1
时间（小时）	282.0	308.6	176.6
应税总额（占利润的百分比）	48.4	46.5	41.2
利润税（占利润的百分比）	21.7	17.8	14.9
劳动税及缴付（占利润的百分比）	9.0	14.1	24.1
其他税（占利润的百分比）	17.7	15.0	1.7
跨境贸易			
2016 与世界领先水平的距离（百分点）：19.27			
出口耗时：边界合规（小时）	240.0	108.0	15.0
出口所耗费用：边界合规（美元）	735.0	542.0	160.0
出口耗时：单证合规（小时）	169.0	97.0	5.0
出口所耗费用：单证合规（美元）	240.0	246.0	36.0
进口耗时：边界合规（小时）	276.0	160.0	9.0
进口所耗费用：边界合规（美元）	935.0	643.0	123.0
进口耗时：单证合规（小时）	180.0	123.0	4.0
进口所耗费用：单证合规（美元）	460.0	351.0	25.0

续表

指　　标	安哥拉	撒哈拉以南非洲	经合组织
执行合同			
2016 与世界领先水平的距离（百分点）：26.26			
时间（天）	1296.0	653.1	538.3
成本（占标的额的百分比）	44.4	44.9	21.1
司法程序质量指数（0 ~ 18）	4.5	6.4	11.0
程序	指标		
时间（天）	1296.0		
备案与立案	86.0		
判决与执行	770.0		
合同强制执行	440.0		
成本（占标的额的百分比）	44.4		
律师费（占标的物价值的百分比）	22.2		
诉讼费（占标的物价值的百分比）	22.2		
强制执行合同费用（占标的物价值的百分比）	0.0		
司法程序质量指数（0 ~ 18）	4.5		
办理破产			
2016 与世界领先水平的距离（百分点）：0.00			
回收率（每美元美分数）	0.0	20.0	72.3

续表

指　　标	安哥拉	撒哈拉以南非洲	经合组织
时间（年）	无实践	3.0	1.7
成本（占资产价值的百分比）	无实践	23.1	9.0
结果（0为零散销售，1为持续经营）	无实践	0	1
破产框架力度指数（0～16）	0.0	6.3	12.1
启动程序指数（0～3）	2.0	2.2	2.8
管理债务人资产指数（0～6）	4.0	4.1	5.3
重整程序指数（0～3）	0.0	0.4	1.7
债权人参与指数（0～4）	0.0	1.1	2.2

资料来源：世界银行《2016年营商环境报告》。

跋

　　作为中国境内唯一持续经营百年以上、机构网络遍及海内外 40 多个国家和地区的大型股份制商业银行，百余年间，中国银行的历史和命运始终与国家兴亡紧密联系在一起，见证并参与了中华民族在苦难中崛起并走向民族复兴的历史进程。

　　近年来，面对经济低迷、市场动荡、改革深化等外部环境，中国银行充分发挥海外机构的业务辐射能力和文化影响力，紧紧围绕服务国家建设、扶持实体经济这个核心，满足全球范围日益多元化的客户需求，大力支持中资企业"走出去"，国际化经营水平、环球融资能力、跨境人民币服务能力持续提升。截至 2016 年 3 月末，资产总额超过 17 万亿元，海外机构资产在集团总资产中占比 27.18%，跨境人民币清算量继续保持全球第一，在中国人民银行授权的 20 家清算行中占有 10 席，成为推动人民币国际化的重要力量。

　　成绩的取得离不开全员的努力，更离不开优秀文化的引领。《文化中行——国别（地区）文化手册》（以下简称《手册》）的付梓，恰逢我国构建对外开放新格局、"一带一路"新兴市场崛起和加快推进人民币国际化进程的关键时期。以研究海外机构特点和服务对象需求为出发点的系列《手册》，致力于从解决文化冲突、促进文化融合角度出发，力求提供既符合中国银行价值理念，又符合驻在国实际的文化指引，为我行整合海内外资源、布局全球一体化发展战略提供参考依据。

《文化中行——国别（地区）文化手册》是继《文化中行——"一带一路"国别文化手册》之后，我行与社会科学文献出版社合作编写的又一力作。社会科学文献出版社是我国社会科学研究领域的权威出版机构，在人文社会科学著作出版方面享有盛誉。在编纂过程中，特别邀请了外交部、商务部专家重点审读相关章节。针对重点领域的工作需要，设置了"特别提示"和"扩展阅读"，为海外机构和广大客户提供了较为丰富的实例和参考。

文化的力量是无穷的。希望《文化中行——国别（地区）文化手册》行之弥远、传之弥久，为实现"担当社会责任，做最好的银行"的战略目标添砖加瓦。

2016 年 7 月

后 记

　　《文化中行——国别（地区）文化手册》是中国银行在全力服从国家经济战略和改革开放大局，依托百年发展优势，布局全球、协同发展的大背景下编撰的国别（地区）类文化手册。由中国银行企业文化部牵头，在办公室、财务管理部、总务部、集中采购中心的大力支持下，在社会科学文献出版社经管分社团队的共同努力下编辑出版。

　　手册在编辑过程中广泛征求了各海外分支机构的意见，得到了东京分行、首尔分行、悉尼分行、中国银行（新西兰）有限公司、伦敦分行、巴黎分行、法兰克福分行、中国银行（卢森堡）有限公司、中国银行（卢森堡）有限公司布鲁塞尔分行、中国银行（卢森堡）有限公司鹿特丹分行、中国银行（卢森堡）有限公司斯德哥尔摩分行、中国银行（卢森堡）有限公司里斯本分行、米兰分行、纽约分行、中国银行（加拿大）、开曼分行、巴拿马分行、中国银行（巴西）

有限公司、约翰内斯堡分行、赞比亚中国银行、内罗毕代表处、罗安达代表处的大力支持，在此一并表示感谢。

编写组在编纂过程中参考了不同渠道的相关资料，主要包括外交部国家（地区）资料库，商务部"对外投资合作国别（地区）指南 2015 版"，社会科学文献出版社"列国志"大型数据库，以及中国银行海外分支机构提供的相关资料。

本手册系定期更新，欢迎各界提供最鲜活的资料，使手册更具权威性和客观性。

图书在版编目（CIP）数据

安哥拉 / 中国银行股份有限公司，社会科学文献出
版社编. -- 北京：社会科学文献出版社，2016.9
　（文化中行.国别（地区）文化手册）
　ISBN 978-7-5097-9271-1

　Ⅰ.①安… Ⅱ.①中… ②社… Ⅲ.①安哥拉－概况
Ⅳ.①K947.4

　中国版本图书馆CIP数据核字（2016）第125094号

文化中行——国别（地区）文化手册
安哥拉

编　　者 / 中国银行股份有限公司
　　　　　社会科学文献出版社

出 版 人 / 谢寿光
项目统筹 / 恽　薇　王婧怡
责任编辑 / 王婧怡　刘宇轩

出　　版 / 社会科学文献出版社·经济与管理出版分社（010）59367226
　　　　　地址：北京市北三环中路甲29号院华龙大厦　邮编：100029
　　　　　网址：www.ssap.com.cn
发　　行 / 市场营销中心（010）59367081　59367018
印　　装 / 北京盛通印刷股份有限公司

规　　格 / 开　本：889mm×1194mm 1/32
　　　　　印　张：3.25　字　数：71千字
版　　次 / 2016年9月第1版　2016年9月第1次印刷
书　　号 / ISBN 978-7-5097-9271-1
定　　价 / 48.00元